La femme enceinte

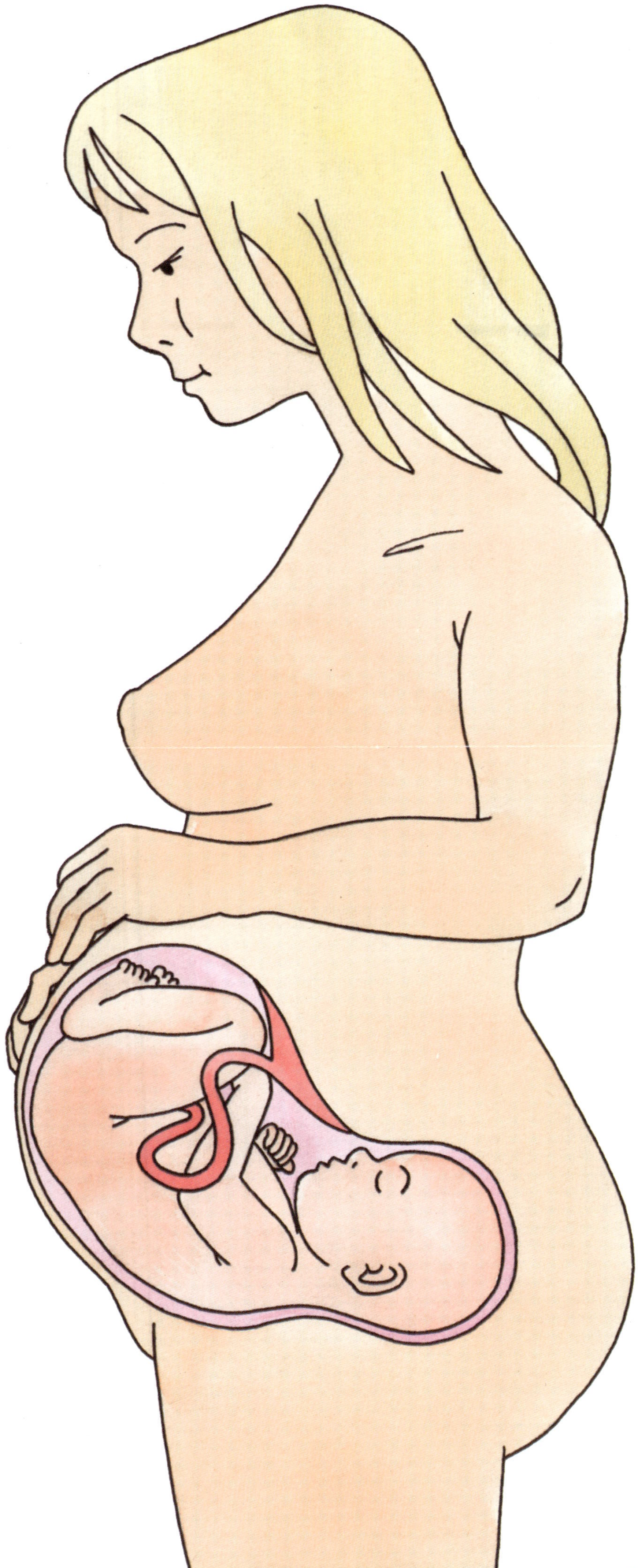

L'intérieur du corps

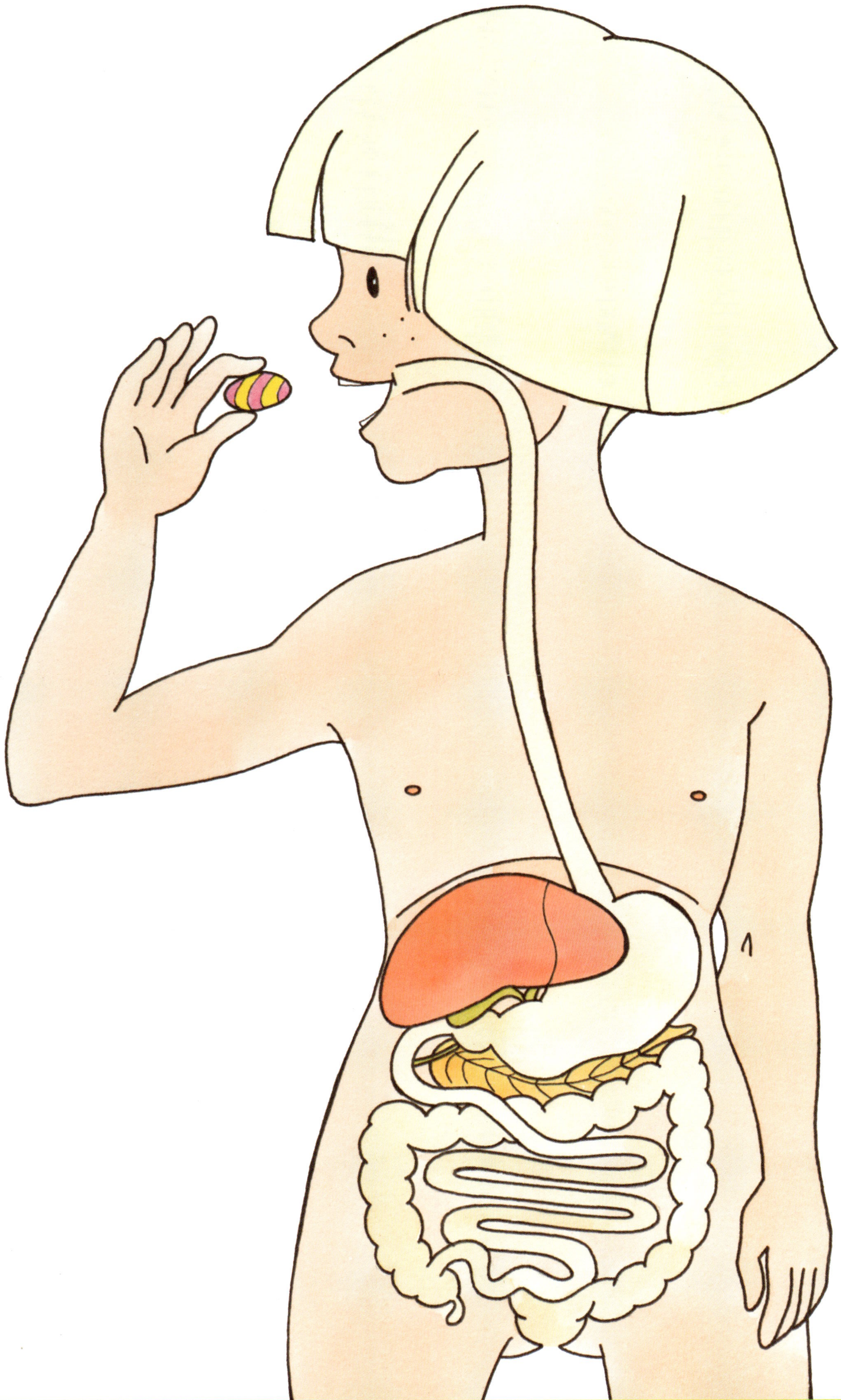

Décalcomanie, de René Magritte, 1966, huile sur toile, 81x100 cm, collection privée © Photothèque R. Magritte/ADAGP, Paris, 2005. © *Schéma corporel avec les 3/4 ans*, "Ateliers en maternelle", Nathan, 2005.

Une année de
Ateliers en maternelle

Schéma corporel

avec les 3/4 ans

Sylvie Ramón

Nathan

Pour pratiquer la pédagogie différenciée

La pédagogie d'aujourd'hui

La gestion du temps d'une classe de maternelle se présente aujourd'hui comme une gageure, car il faut tout à la fois :
- faire travailler les enfants par petits groupes ;
- varier les activités pour les adapter sans cesse aux motivations et disponibilités de chacun ;
- faire en sorte que tous les enfants soient également sollicités ;
- être disponible à tous afin que chacun se sente personnellement concerné.

Les présents cahiers offrent une solution en proposant un **autre fonctionnement de la classe**.

L'activité pédagogique

À la suite d'un moment collectif, qui a pour but d'informer les enfants sur ce que l'on va faire et sur ce que l'on attend d'eux, on va distinguer et organiser deux types d'activités.
Pour chaque séquence :
- une **activité pédagogique** principale ;
- des **activités satellites**.

L'activité pédagogique est une séquence, une situation dans laquelle on réunit un groupe d'enfants, en présence et en collaboration avec le maître. Il s'agit d'une activité structurée où le maître fait agir, réfléchir, argumenter, imaginer, prévoir. On aborde souvent des notions précises, on acquiert aussi des connaissances et des savoir-faire.
L'enseignant, meneur de jeu et observateur, aide ce petit groupe à aller le plus loin possible dans ses découvertes. Il est attentif au cheminement de chacun, à la démarche individuelle, variable d'un enfant à l'autre. Il aide dans l'appropriation d'un savoir. Enfin, il évalue pour organiser les prolongements nécessaires.
Ce moment sera repris plusieurs fois, au gré des maîtres, pour une répartition sur la semaine, de telle sorte que chaque enfant ait pu en bénéficier.
Dans cette réorganisation de la classe, une demi-journée est réservée aux bilans.

Les activités satellites

Ce sont les activités auxquelles se livrent les autres enfants de la classe, répartis en trois ou quatre groupes. Ces petits groupes sont autonomes. Les enfants sont occupés, certes, mais ne sont pas étrangers à ce qui se passe avec l'enseignant. Les activités satellites sont, dans la plupart des cas, des moments au cours desquels on s'exerce, « on fait des gammes ». Ce sont des ateliers organisés soit pour précéder, préparer une activité principale en assurant dans le temps leur intégration à la personne de l'enfant, soit pour la prolonger. En général, on n'y apprend rien de nouveau. Ces tâches affermissent les connaissances et affinent les compétences.
Les activités satellites ne sont pas toujours liées à l'activité principale, mais le plus souvent elles serviront d'écho et de prolongement.
Au moment des bilans et des évaluations, les enseignants perçoivent soit la nécessité d'organiser de nouvelles activités pédagogiques qui répondront aux manques observés, soit de nouvelles activités satellites.

Du travail pour une année

La pratique ici développée répond à un double mouvement :
- **spiralaire**, en ce que chaque séquence est reprise avec un autre groupe : quand le maître travaille avec quelques enfants seulement, les autres ne sont pas interdits d'écoute. Tout se passe donc comme si chaque élève était informé plusieurs fois, sur un même sujet, de façons différentes, tant il est vrai que les enseignants ne refont jamais la même séance ;
- **linéaire**, en ce qu'une notion ne s'épanouit et ne se déploie qu'à travers une progression qui se situe dans le temps. Dans chaque cahier se développe un projet éducatif que l'on ne saurait réduire à un centre d'intérêt. Pour atteindre cet objectif, les séquences proposées s'enrichissent à chaque reprise et s'étalent souvent sur l'année scolaire.

Les ouvrages de cette collection proposent donc une grande variété de situations qui, en se déroulant dans le temps, permettront aux enfants de pressentir d'abord et de comprendre ensuite des notions fondamentales pour leur développement et leur future scolarité.

Yvette Jenger-Dufayet

ISBN 2-09-121825-1

Schéma corporel

La représentation du corps

Ce travail (qui n'est pas exhaustif) se présente comme un répertoire de toutes les stratégies mises en œuvre au cours de l'année scolaire dans le but d'aider l'enfant à construire son « schéma corporel ».

On peut le définir avec Schilder comme : « *La représentation que chacun se fait de son corps et qui lui sert de repère dans l'espace.* »

En effet, le schéma corporel n'est pas quelque chose de donné chez l'enfant. Il se constitue peu à peu au cours des premières années ; il est le fruit d'un travail qui s'accomplit chez le petit enfant pendant un temps assez long. Nous ne pouvons que favoriser sa mise en place en proposant des exercices attrayants.

Un cheminement progressif

Pour évaluer l'impact et l'efficacité de ces derniers, nous demanderons chaque mois à l'enfant de se représenter. Bien entendu, ces dessins ne doivent pas être envisagés comme une évaluation ou un contrôle des « progrès » de l'enfant.

Ils n'ont d'intérêt pour l'enseignant et les parents que lorsqu'ils peuvent être observés dans leur ensemble, à la fin de l'année. C'est la trace du chemin parcouru par l'enfant durant une année scolaire. Ce chemin peut paraître long.

L'enfant passe du « gribouillage » au « bonhomme-têtard » et aboutit, en général au mois de juin, à un personnage construit et détaillé : mains, pieds (avec leurs doigts), vêtements. Les progrès sont certes lents, mais le résultat final est très gratifiant. Comme souvent, en classe de petits, il faut avoir la patience de laisser « mûrir » sans forcer le cours des choses en sachant que chaque enfant possède son propre rythme ; de plus, beaucoup d'événements étrangers à l'école (tels que sa vie familiale et affective, sa santé) le font progresser ou régresser par paliers.

Démarche et apprentissages

Les exercices proposés aideront l'enfant à intégrer la représentation qu'il se fait de son corps car ils ont pour but de :

1. Développer ses capacités d'observation et d'attention visuelle, son sens de l'analyse et de la critique.
2. Faire acquérir ou affiner le vocabulaire concernant les différentes parties du corps.
3. Lui faire prendre conscience de la place (volume, taille) qu'occupe son corps dans l'espace.
4. L'aider à maîtriser son corps et ses gestes.

Nous avons laissé de côté le très vaste domaine de la motricité pour privilégier le langage, l'observation, le dessin et le jeu. Les enseignants sont bien conscients de l'importance de cette discipline pour le développement harmonieux de l'enfant, puisqu'ils la font pratiquer quotidiennement.

Les exercices proposés ne sont que des pistes, ils peuvent être enrichis ou simplifiés selon le niveau de chaque classe. Tels qu'ils sont présentés, ils sont le fruit d'une expérience. Facilement réalisables et efficaces, ils apporteront du plaisir à l'enfant qui va explorer le domaine nouveau qui s'ouvre à lui : celui du langage graphique.

Sylvie Ramón
Directrice d'école

Les outils pédagogiques

Les posters

Chaque face du poster présente deux corps : un corps d'enfant et une femme enceinte sur l'une, les deux silhouettes « décalcomanies » du tableau de René Magritte sur l'autre. Par des jeux de pliage, on pourra se servir séparément de chacun, les isoler pour mieux les confronter.

Décalcomanie, de René Magritte

Dans un premier temps, les enfants découvrent seuls le poster, sans les commentaires de l'enseignant. On pourra l'afficher après la séquence 5 *Découper des silhouettes* et faire le rapprochement avec le travail effectué : à droite, l'espace laissé par la silhouette évidée laisse apercevoir le paysage. Les enfants perçoivent-ils le « vide » dans le rideau de droite ou voient-ils plutôt une forme pleine ? Pour comprendre le fonctionnement du tableau, les enfants pourront se promener avec la partie évidée du carton dans lequel ils ont découpé leur silhouette et regarder au travers ; la déplacer et observer le « paysage ». Faire remarquer la similitude des contours des deux silhouettes et attendre les commentaires des enfants.
Ce tableau permet de nombreuses exploitations, et pourra également appuyer les activités autour des différentes faces du corps : de dos, de face.
On consacrera du temps et un intérêt particulier au recueil des paroles des enfants.
Une piste possible : travail sur des négatifs et des positifs photographiques et/ou des radiographies (panoramiques dentaires, clichés de la cage thoracique par exemple), qui déboucherait sur les os et le squelette, thème qui n'est pas abordé lors de la séquence *L'intérieur du corps* et qui peut initier un travail très riche.

La femme enceinte

Le dessin de la maman enceinte doit être introduit à la suite de la séquence 10 *Le bain du bébé*, en présence – ou non – de la maman qui sera dans la classe pour donner le bain à son enfant.
Il sera utile d'insister sur le fait que le bébé est isolé des organes présents dans le ventre de la mère par la paroi de l'utérus et d'expliquer qu'il est relié à la mère par le cordon ombilical.
On pourra aussi expliquer aux enfants ce que perçoit le bébé pendant sa vie intra-utérine : les battements du cœur de la mère, les sons ; comment il bouge et se retourne, et répondre à toutes les questions que les enfants ne manqueront pas de poser.
Ces posters trouveront leur place sur le panneau d'affichage de la classe, une fois qu'ils auront été commentés et expliqués.
Les enfants auront alors plaisir à les regarder et à en parler.

L'intérieur du corps

La partie du poster représentant l'intérieur du corps sera présentée après la séquence 16, *L'intérieur du corps*.
Il permettra des moments de langage complémentaires et il sera plus aisé pour le maître d'expliquer le trajet des aliments en ayant la possibilité de montrer et de nommer les différents organes. Les expressions « mal au cœur » et « mal au ventre » trouveront ainsi une explication plus rigoureuse.

Les fiches élèves

Les fiches doivent être fournies aux enfants après exploitation des séquences afin qu'elles ne soient pas perçues comme des activités occupationnelles mais plutôt comme un prolongement du travail et une mini-évaluation pour le maître.
Elles peuvent être présentées et expliquées en grand groupe, mais la mise en œuvre se fera par petits ateliers à différents moments de la journée.
Le maître expliquera la consigne à nouveau et individuellement si besoin est, et veillera à ce qu'elle soit bien comprise par l'enfant.
Si celui-ci ne réussit pas, on pourra lui proposer de refaire la fiche, plus tard dans l'année.

Fiche 1

On peut demander aux enfants d'analyser la ressemblance des personnages et de décrire leurs caractéristiques : expression, longueur des cheveux, etc.

Fiche 2

Après la séquence 4, et avant de travailler sur la fiche, on peut observer la taille des silhouettes réalisées par les enfants et les classer par ordre croissant.
Faire ranger les enfants « en petit train » par ordre de taille, ce qui les aidera à comprendre la consigne donnée sur la fiche.

Fiche 3

L'activité permet un travail sur les expressions du visage.
Les enfants peuvent s'exercer à reproduire les expressions des masques face à la glace.

Fiche 4

Une fois le travail exécuté selon la consigne, on peut s'amuser à détourner la fiche ; exemple : une tête d'ours sur une tête de bébé, exprès, « pour rire », et inventer d'autres monstres !

Fiche 5

L'exercice de la fiche demande non plus de se repérer par rapport au visage, aux membres ou à la taille du corps, mais aux contours. On pourra se reporter au poster du tableau de Magritte. Des jeux de déguisements avec de grands tissus noirs pourront prolonger et expliquer l'activité : le corps entièrement recouvert par un tissu opaque (les enfants ne savent plus où sont l'envers et l'endroit).

Fiche 6

Afin d'aider l'enfant, il faudra lui conseiller de choisir d'abord l'ours (le père, la mère ou l'enfant) et ensuite tous les objets qui lui correspondent, le chapeau restera alors naturellement isolé.

Fiche 7

Il peut être amusant de demander à un enfant de reproduire devant le groupe la posture dessinée, face au public et de dos.

Fiche 8

Le travail peut être expliqué à la classe à l'aide du poster. Un enfant montre le chemin du bonbon en le suivant avec le doigt sur le poster et en nommant les organes s'il en est capable. Les fiches individuelles seront distribuées immédiatement après.

Séquence 1

C'est mon papa

Descriptif

Nombre d'enfants : toute la classe
Durée : 10 à 20 minutes
Reprises : au moins 3 fois et chaque fois que les enfants le souhaitent
Période de l'année : début octobre

Objectifs

• Introduire la représentation du corps d'une façon humoristique et insolite.

• Faire parler les enfants sur un sujet qui les concerne et, par ce moyen, établir une complicité affective.

• Rire ensemble.

• Parler de ce que l'on connaît : un papa, et comparer ce qui est comparable : le papa du livre et son propre papa.

Matériel

L'album illustré, *C'est mon papa*, de Ralph Steadman, aux éditions Aubier-Flammarion 1986.

• Description :

L'album s'ouvre sur trois illustrations représentant un gros plan de la tête, du tronc et des jambes d'un papa. Le texte affirme : « *C'est mon papa.* » « *Pourquoi ? Parce qu'il a…* » Suit une description du papa. Sur chaque double page, un détail du corps : d'énormes oreilles, de gros yeux, des centaines de dents, plein de moustaches, des douzaines de jambes, etc.
À la fin du livre, tous ces attributs sont rassemblés en désordre et forment une sorte de monstre très drôle.
Commentaire : « *C'est le papa de quelqu'un d'autre !* »
Ce travail peut être fait avec d'autres livres[1].

1. Emberley Ed., *Va-t-en, grand monstre vert !*, Kaléidoscope, 1996.
Le Saux Alain, *Papa se rase*, L'École des loisirs, 2000.

Démarche

Le livre convient pour une première lecture en grand groupe. Le format est assez grand ; il y a une illustration par double page. Le dessin est précis et évocateur.

- Lire le texte avec emphase. En lisant *C'est mon papa*, le maître peut laisser croire aux enfants qu'il parle de son propre papa.
- Leur demander à chaque page si leur papa a – comme celui du livre – de gros yeux, des douzaines de jambes, etc. Les réponses seront surprenantes.
- Marquer un temps d'arrêt avant la dernière image pour bien ménager l'effet final.
- Proposer aux enfants de dessiner leur papa. Pendant la (courte) période du dessin, noter sur la feuille ce que l'enfant dit vouloir représenter.

Évaluation

En ce début d'année scolaire, beaucoup d'enfants sont incapables de dessiner un « bonhomme ». Ils font un petit « gribouillage » rapide pour faire plaisir au maître et repartent vite vers d'autres activités plus passionnantes.
Sans se décourager, il faut les complimenter et mettre en valeur les dessins les plus réussis, en les montrant à tout le groupe et en les affichant en bonne place.
C'est la première fois de l'année que l'on critique les dessins avec tous les enfants.

Prolongements

- Chercher les albums de la classe où l'on voit des papas.
- Découper des photos de « papas » dans des magazines.
- Montrer aux papas qui accompagnent l'enfant dans la classe leur portrait et instaurer un moment d'échange père-enfant autour du portrait.

Séquence 2

C'est mon portrait

Descriptif

Nombre d'enfants : 10
Durée : 15 minutes
Reprises : tous les mois pour tous les enfants
Période de l'année : fin octobre

Objectifs

- Permettre à l'enfant de manipuler sa photo librement, de se voir autrement que dans un miroir.
- Faire prendre conscience de son attitude, de son expression sur la photo.
- Faire utiliser ou acquérir le vocabulaire adéquat pour nommer les différentes parties de son corps, pour décrire ses vêtements, leurs couleurs, sa coiffure.

Matériel

- Un appareil photo.
- Des feuilles blanches A4.
- Des crayons graphites.

fiche élève 1 J'ai changé de vêtements !

septembre novembre mars

Démarche

- Les portraits des enfants n'ont pas de prétention artistique. Le maître fera des portraits en pied, genre photo signalétique en couleurs, format 9 × 14 cm minimum. Chaque enfant étant photographié de face sur un fond blanc (mur ou feuille blanche), il est préférable d'éviter de photographier des objets ou des jouets autour car cela détournerait l'attention de l'enfant lorsqu'il regardera son portrait sur la photo. Le maître apporte les photos et les distribue à chaque enfant. Une fois passée la phase de découverte individuelle, les enfants se montrent leur photo et font de nombreux commentaires. C'est un moment de langage spontané très riche. Il peut faire le sujet d'une autre séance.
- Ensuite, le maître reprend les photos et les regarde avec les enfants en les faisant commenter une par une.
- Puis il propose à chaque enfant de se dessiner tel qu'il est sur la photo.
- L'enfant garde sa photo, la pose à côté de sa feuille et la « copie ». Utiliser une feuille blanche, format 21 × 27 cm, et un crayon graphite.
- Le dessin terminé et daté, l'enfant range sa photo à un endroit destiné à cet effet. Il aura toujours le libre accès aux photos, mais ne pourra les consulter qu'à cet endroit. Il ne doit pas les emporter dans le coin cuisine, les mettre dans sa poche, les abandonner dans les jeux, etc.
Chaque mois, le maître demandera à l'enfant de se dessiner d'après sa photo et classera les dessins dans l'ordre chronologique. Ils pourront être regroupés dans un cahier intitulé : « Bonhomme » ou « Mes autoportraits en petite section ». Les photos seront souvent manipulées par les enfants : il est donc préférable de les coller sur un carton et de les plastifier pour assurer leur « survie ».

Évaluation

Critique des dessins. On compare la photo au dessin. Est-ce pareil ? Que manque-t-il ? Reconnaît-on l'enfant ? Il arrive que certains enfants ne comprennent pas bien la consigne et dessinent sur la photo, ou tracent sur la feuille un carré représentant la photo. L'idée de copier un modèle ne veut rien dire pour un petit enfant. Le fait d'avoir la photo à côté de la feuille permet surtout au maître d'avoir un support visuel pour ses commentaires : « *Tu n'as pas dessiné tes jambes, regarde sur la photo, elles sont là, sous ton ventre* », etc. L'enfant aime consulter avec le maître le dossier où sont conservés ses portraits. Il est conscient de ses progrès et juge ses premiers dessins avec mépris : « *Des grabouillages…* », dit-il.

Prolongements

- Il faut faire plusieurs photocopies de chaque portrait, car ils vont être souvent utilisés.
- Tris de photos – jeux : les filles, les garçons, ceux qui mangent à la cantine, ceux qui se bagarrent, les copains, ceux qui savent s'habiller tout seul, etc.
- Utilisation des photos avec le nom et le prénom associés pour marquer :
  – les portemanteaux ;
  – les dossiers ;
  – les casiers ;
  – les places au dortoir.

Des Activités Satellites

Grand dessin libre au feutre

Nombre d'enfants : 7

Dans le couloir qui mène à la classe, dérouler par terre un grand rouleau de papier blanc.

Jeux d'eau

Nombre d'enfants : 6

À l'aide d'entonnoirs, transvaser toute l'eau du bac à eau dans des bouteilles en plastique.

Essais de découpage

Nombre d'enfants : 8

Découpage de papier de couleur en vue d'un collage collectif. En début d'année, beaucoup de petits ne savent pas tenir des ciseaux.

Séquence 3

Pantomime

Descriptif

Nombre d'enfants : 10 acteurs,
10 spectateurs
Durée : 15 minutes
Reprises : 3 fois, ensuite à la demande des enfants
Période de l'année : début novembre

Objectifs

- Conduire l'enfant à connaître et à maîtriser son corps et son geste.
- Encourager ce moyen de communication qui est naturel à l'enfant.
- Permettre – pour une fois – de se faire comprendre autrement que par le langage explicite.
- Développer l'attention et le sens de l'observation.

Matériel

- Des accessoires : bâtons, cordes, cerceaux.
- Des feuilles blanches A4.
- Des feutres fins de couleur.

———

Parlons avec Ploum, Nathan.

Démarche

Il s'agit de faire mimer aux enfants des scènes simples de la vie quotidienne. Diviser la classe en deux parties : 10 enfants acteurs et le maître, 10 enfants spectateurs. Ces derniers regardent et dessinent le spectacle (activité satellite).

Au cours d'une même séance, on inverse les rôles plusieurs fois. Afin de bien se faire comprendre des enfants, il peut être utile, la première fois, de jouer avec eux en nommant les actions.

Exemple : « *Je vais me laver la figure, j'ouvre le robinet, je prends le savon, je me frotte les joues, le bout du nez, je les rince avec de l'eau, je ferme le robinet, je prends ma serviette, je m'essuie,* etc. »

Il est nécessaire d'agir très lentement et de décomposer tous les mouvements afin que les enfants aient le temps d'adapter leurs gestes.

Au cours des séances suivantes, le maître les fera agir et commentera leurs résultats en mettant en valeur ceux qui s'approchent le plus de la réalité.

Il peut leur proposer des thèmes simples, tels que la toilette : prendre une douche, se savonner, se laver la tête, s'essuyer, se coiffer, se parfumer, se maquiller, s'habiller, sortir se promener, cueillir une fleur, la sentir, monter en voiture, rentrer chez soi, se mettre à table, etc.

On peut aussi proposer aux enfants des devinettes (consigne : interdit de parler).

Deviner ce que fait :

– Le maître. Choisir une action simple : se coiffer, téléphoner.

– Un enfant acteur devant le groupe. Si l'enfant a du mal à se faire comprendre, il faudra intervenir en l'aidant à préciser ses gestes et ses mimiques pour que le public ne se lasse pas.

– Plusieurs enfants qui se sont concertés pour mimer une courte scène : séance chez le dentiste, le coiffeur ou le docteur, par exemple.

Une fois que les enfants seront bien entraînés à la pantomime, pour enrichir leurs créations, il sera possible de leur fournir quelques accessoires très simples (tels que bâtons, cordes, cerceaux) afin de ne pas détourner l'attention qu'ils apportent à l'accomplissement du geste.

Évaluation

Les enfants aiment beaucoup ces séances. Néanmoins, elles gagnent à être courtes, car elles leur demandent un effort intensif.

- Est-ce que les enfants les plus inhibés et ceux qui ont des difficultés de langage y participent volontiers ?
- L'enfant est-il capable de traduire corporellement une émotion, un sentiment ?

Prolongements

- Il peut être enrichissant de filmer ces séances. Les enfants en se revoyant parlent abondamment, ils rient, se rappellent des souvenirs, se critiquent, refont les gestes…
- Plus tard, dans l'année, il sera possible de mimer une histoire très connue avec plusieurs acteurs volontaires. Par exemple *Le Petit Chaperon rouge* ou *Boucle d'or*. Cet exercice ouvrira d'autres pistes de travail sur l'expression orale et la chronologie du récit.
- Lorsqu'ils ont pris goût à mimer devant des spectateurs, ils peuvent aller jouer devant les élèves d'autres classes, mais le côté fragile et improvisé du spectacle n'est pas garant d'une qualité égale.
- On pourra également fabriquer des déguisements avec les enfants et avoir recours, pour les compléter, à des coiffures et à des masques. Tous ces accessoires permettent d'enrichir la compréhension de l'histoire mimée.

Des Activités Satellites

Dessin du spectacle

Nombre d'enfants : 10

Les enfants sont invités à représenter le spectacle auquel ils participent. On leur donne des feuilles de format 21 × 29,7 cm et des feutres fins de couleur.

« Parlons avec Ploum »

Nombre d'enfants : 5

L'enseignant commente avec les enfants les expressions du visage et les différentes parties du corps.

Séquence 4

Se dessiner grandeur nature

Descriptif

Nombre d'enfants : 10
Durée : 15 à 30 minutes
Reprises : 3 fois
Période de l'année : fin novembre

Objectifs

Faire prendre conscience à l'enfant :
- de sa taille ;
- de la place qu'il occupe dans l'espace ;
- de son axe corporel (tronc, dos, nuque, tête).

Matériel

- Des grandes feuilles de papier sur lesquelles un enfant peut se coucher.
- Un gros feutre noir.

fiche élève 2 La taille et le corps

Démarche

- Faire asseoir les enfants en tailleur, les disposer en demi-cercle.
- Demander à un volontaire de venir s'allonger sur une grande feuille posée par terre, bras et jambes tendus, mais légèrement écartés, la main posée bien à plat sur la feuille, les doigts écartés (consigne : ne pas bouger).
- Le maître dessine le contour de l'enfant sur la grande feuille devant le groupe, puis l'enfant retourne à sa place.
- Le maître propose alors aux enfants de compléter le portrait : les volontaires viennent, chacun à leur tour, dessiner le nez, les cheveux ou les ongles, etc. Certains ajoutent des détails au vêtement : boutons, fermetures Éclair. Ils n'oublient ni le « zizi » ni le « pipi ».

Évaluation

Accrocher le dessin au mur et demander à l'enfant dessiné de se mettre à côté pour vérifier s'il est bien « pareil » au sujet. Rechercher les oublis en comparant le modèle et le portrait.

Prolongements

- Proposer aux enfants de se dessiner deux par deux en procédant de la même façon. Un enfant s'allonge, l'autre le dessine et *vice versa*.
- On peut aussi dessiner le maître (prévoir un pantalon et un vieux pull).
- Écrire le nom des enfants sous chaque silhouette et, par exemple, les afficher dans le couloir de la classe, en frise.

Des Activités Satellites

Remplir une forme avec des points

Nombre d'enfants : 6

Dessiner une forme sur une feuille et demander aux enfants de faire des points de taille et de couleur variées uniquement à l'intérieur de la forme.

Peindre l'intérieur d'une forme

Nombre d'enfants : 6

Le même travail que précédemment dans une forme plus grande et au coton-tige.

Jeux libres

Nombre d'enfants : 8

Quatre enfants : jeux de rôle dans le coin cuisine.
Quatre enfants : jeux de rôle dans la chambre des poupées.
(Consigne : Habiller les poupées car elles ont froid.)

Séquence 5

Découper des silhouettes

Descriptif

Nombre d'enfants : 6
Durée : 20 à 30 minutes
Reprises : 5 fois
Période de l'année : début décembre

Objectifs

- Faire prendre conscience à l'enfant non seulement de sa taille, mais aussi du volume de son corps.
- Permettre de manier un objet aussi grand que soi : sa silhouette, qui est encombrante mais légère. Habituellement, un enfant ne peut transporter que des petites poupées ou des peluches rarement aussi grandes que lui.
- Représenter l'envers de son corps.

Matériel

- Des grands cartons d'emballage de la taille d'un enfant ou des plaques de polystyrène.
- À défaut : du carton ondulé vendu en grand rouleau.
- De la peinture, des craies, des feutres.
- Des vêtements.
- Des morceaux de laine ou de fourrure.

poster *Décalcomanie*, de René Magritte

Décalcomanie, de René Magritte, 1966, huile sur toile, 81 × 100 cm, collection privée © Photothèque R. Magritte / ADAGP, Paris, 2005.

Démarche

• Sur un grand carton, le maître dessine le corps de l'enfant en procédant de la même façon que lors de la séance précédente.
Il découpe lui-même avec un cutter les contours de la silhouette. Il est préférable de couper à partir de l'extérieur du trait afin que la silhouette évidée du carton soit légèrement plus grande que l'enfant. Chaque enfant possède ainsi deux silhouettes : une évidée et une pleine.
Il peut :
– soit habiller cette dernière comme une poupée. Dans ce cas, prévoir des habits faciles à enfiler (joggings, manteaux, pulls trop larges) ;
– soit dessiner des vêtements sur la silhouette (peinture, feutres, craies) ;
– soit coller des tissus.
Dans tous les cas, il aura à dessiner les traits du visage et à coller des cheveux (morceaux de laine, fourrure).
• Lorsque l'enfant dessine sur la silhouette, lui demander de dessiner aussi « l'envers ».
• Lui faire observer ses camarades de dos.
• Par un jeu de miroirs, l'aider à se voir lui-même de dos.
• Le laisser jouer librement avec sa silhouette. En général, il la transporte, il se couche dessus, la met debout contre un mur. Parfois il lui parle. L'enfant peut se placer dans l'espace laissé par sa silhouette évidée dans le carton. Il peut même y passer.

Évaluation

• Relever les difficultés pour dessiner le visage, placer les cheveux. Aider les plus maladroits.
• Faire présenter par chaque enfant sa silhouette au groupe classe. La critique portera sur la ressemblance et les détails oubliés.

Prolongements

• Comparer les tailles des silhouettes.
• Essayer de reconnaître les silhouettes des autres.
• Regrouper les silhouettes des amis.
• Faire manipuler les silhouettes pour inventer des histoires. S'en servir comme des marionnettes.
• Faire travailler les enfants sur l'habillage[1] :
– avec les poupées ;
– avec les silhouettes ;
– apprendre à mettre son manteau tout seul.
• Introduire : « le jeu du corps » (retrouver les accessoires sur les différentes parties du corps) ou le « jeu des couleurs » (habiller des personnages).

Des Activités Satellites

Jeux mathématiques

Nombre d'enfants : 4

Jeux mathématiques en petite section[2].

Découpage de laine

Nombre d'enfants : 10

Découpage de laine pour les cheveux des silhouettes.

Jeux d'eau

Nombre d'enfants : 5

Transvaser l'eau du bac à eau dans des cuvettes uniquement à l'aide de grosses éponges.

Avec la pince à épiler et la pince à sucre

Nombre d'enfants : 6

Attraper des petits objets tels que perles, coquillages, fèves, etc., avec des pinces à épiler et des pinces à sucre.

1. WATANABE Shigeo, *Mes habits préférés*, éditions du Sorbier, 1998.
BRUNA Dick, *Ma chemise est blanche* et *Je m'habille tout seul*, éditions Nathan, 1976.
DAVOT M. et F., *Je vais m'habiller tout seul*, « Les petits castors », éditions Père Castor – Flammarion 1980.
2. BRÉGÉON J.-L., GÉROME E., MÉTÉNIER G., *Math en pousse*, « Diagonale », Nathan, 1995.

Séquence 6

Maquiller des photos

Descriptif

Nombre d'enfants : 6
Durée : 15 minutes
Reprises : 5 fois
Période de l'année : fin décembre

Objectifs

- Améliorer la représentation du visage. En travaillant directement sur la photo, l'enfant observe obligatoirement les sourcils, les cils, les narines, etc.
- Donner à l'enfant un travail qu'il réussit facilement et qui est immédiatement gratifiant.
- Enrichir son vocabulaire concernant les différentes parties du visage : pommettes, narines, racines des cheveux, etc.
- Faire prendre conscience aux enfants de la différence entre un livre et un journal.

Matériel

- Des revues féminines dans lesquelles on découpera tous les portraits photographiques en pleine page du magazine. Rechercher des publicités pour les maquillages, les parfums et les coiffures.
- Des portraits d'enfants sur lesquels ont été ajoutées lunettes, moustaches, etc. afin de bien leur faire comprendre ce qu'on leur demande.
À défaut : dessiner soi-même ces détails sur des portraits photographiques. Il s'agit de « maquiller » le personnage de la photo pour qu'on ne le reconnaisse pas.

Démarche

Donner à chaque enfant un portrait découpé dans un magazine. Leur demander de transformer l'image donnée en la maquillant selon leurs désirs. Il est bon de préciser les points sur lesquels les enfants peuvent faire des tracés : yeux, cils, sourcils, lèvres, mains, cou.
Les enfants qui y prennent goût veulent généralement répéter le travail. On peut alors leur fournir une revue entière en leur redonnant la consigne de travailler uniquement sur les portraits.

Évaluation

Certains enfants se contenteront d'entourer les yeux, la bouche. D'autres, au contraire, referont les cils, ajouteront des boucles d'oreilles...
Faire dire aux enfants ce qu'ils ont voulu faire. Leur faire sélectionner les portraits les mieux maquillés pour l'affichage.

Prolongements

Introduction au maquillage :
Première séance : maquiller les enfants.
Deuxième séance : les enfants se maquillent devant un miroir individuel.
Troisième séance : les enfants se maquillent mutuellement.

Introduction des miroirs individuels :
Chaque enfant se regarde comme il veut et aussi longtemps qu'il veut. Lui faire observer ses lèvres, ses dents, sa langue, ses narines, ses cils, etc. en les lui nommant. Lui proposer, après la séance d'observation, de se dessiner en lui laissant le miroir à disposition.
Même travail de maquillage de photos sur les photocopies des portraits individuels.

Des Activités Satellites

Approche de la craie d'art
Nombre d'enfants : 5

Faire des dessins avec la craie tenue couchée et estompée avec des chiffons.

Peinture au coton-tige
Nombre d'enfants : 10

Réaliser des cartes de vœux avec des encres de couleur mélangées à de la colle liquide blanche. L'enfant peint au coton-tige (car le format de la carte est petit) puis il saupoudre la carte, avant que la peinture ne sèche, de paillettes fines d'or et d'argent.

Puzzles
Nombre d'enfants : 5

Pâte à modeler
Nombre d'enfants : 4

Réaliser ce que chacun désire.

Séquence 7

Avec des portraits évidés

Descriptif

Nombre d'enfants : 6
Durée : 15 minutes
Reprises : 5 fois
Période de l'année : janvier

Objectifs

- Contrôler le travail effectué dans la séquence précédente. L'enfant doit pouvoir replacer les traits du visage dans un espace vide.
- Vérifier l'acquisition du vocabulaire concernant les traits du visage.
- Enrichir les dessins en introduisant un travail sur les expressions du visage.
- Acquérir le vocabulaire relatif à ces expressions (*triste*, *apeuré*, *content*, *en colère*, etc.).

Matériel

- Pour chaque enfant : deux grands portraits de photo publicitaire de la taille d'une page entière de magazine.
- Des cartes blanches plus grandes que les photos.
- Des feutres fins noirs.

fiche élève 3 Les masques

Démarche

- Travailler sur les expressions du visage : exprimer la gaieté, la tristesse, la colère, la peur, la lassitude. Faire mimer des enfants volontaires.
- Observer les traits du visage lorsque l'on fait semblant de pleurer et que la bouche « descend » ; lorsque l'on rit et que les yeux se plissent, deviennent petits et que la bouche « remonte ».
- Veiller au bon emploi du vocabulaire.
- Apporter de la documentation sur les masques, particulièrement sur les masques japonais et chinois. Après tous ces préliminaires, le maître découpe l'intérieur d'un portrait en laissant les cheveux et le cou, puis le colle sur une grande carte blanche. L'enfant doit dessiner les traits du personnage et refaire le portrait.
- Montrer aux enfants des reproductions d'œuvres d'art : *Le Cri,* d'Edvard Munch, *L'Homme sans tête,* de René Magritte.

Évaluation

- Beaucoup d'enfants éprouvent le besoin de retracer l'ovale du visage à l'intérieur du portrait évidé.
- Note-t-on l'apparition des cils, des sourcils, des rides du front, de nouveaux détails ?
- On peut faire classer les portraits « gais » et « tristes » par les enfants.

Prolongements

- Le même travail sera fait sur une photocopie du portrait en pied individuel de chaque enfant. Le travail est plus minutieux, car le portrait est plus petit. Prévoir des crayons graphites bien taillés.
- Donner aux enfants des bouches, des yeux et des nez prélevés dans les photos de visages que l'on a découpées pour le travail précédent et leur demander d'organiser un visage avec ces éléments collés sur une feuille.
- Distribuer aux enfants des têtes découpées de femmes, d'hommes et d'enfants, plus petites que les précédentes : un quart d'une page de revue. Leur laisser choisir celle qui leur plaît, ou plusieurs s'ils le désirent, et leur demander de la (les) coller sur une feuille, puis d'ajouter le corps dessiné au feutre.

Ce travail amuse beaucoup les enfants. Ceux qui en sont au stade du « bonhomme-têtard » entourent la tête découpée d'un cercle auquel ils rattachent les membres. Beaucoup refont les cheveux. Certains dessinent une nouvelle tête sous la tête collée.
Tous ces détails doivent être commentés avec les enfants.

- Refaire le travail sur un petit format avec les têtes découpées dans la photocopie du portrait de chaque enfant.
- Découpage : les plus adroits peuvent découper eux-mêmes les têtes dans les journaux.
- Chercher dans la bibliothèque des albums avec des personnages qui expriment des émotions comme la peur, la tristesse, etc[1].

Des Activités Satellites

Tri et classement

Nombre d'enfants : 10

Rechercher dans des magazines des pages représentant un ou des personnages. Les enfants doivent prélever les pages et ensuite les classer : « les mamans » ensemble, les « papas » ensemble, puis les enfants.

Monotypes

Nombre d'enfants : 6

Matériel pour chaque enfant : un rouleau en mousse, de la peinture noire assez épaisse, des cotons-tiges, une petite plaque de verre, de nombreuses feuilles de papier plus grandes que la plaque. L'enfant étale de la peinture sur la plaque de verre à l'aide du rouleau, enlève la peinture en dessinant avec le coton-tige, puis pose sa feuille sur la plaque de verre, frotte avec le poing et soulève la feuille. Le dessin est imprimé. Cette activité aura été faite auparavant avec le maître.

Puzzles

Nombre d'enfants : 4

Découverte du corps. Le garçon et la fille (matériel éducatif Nathan).
Les enfants travaillent deux par deux.

---

1. SOLOTAREFF Grégoire, *Loulou*, L'École des loisirs, 2001.
KRINGS Antoon, *Jean-Loup*, L'École des loisirs, 2003.

Séquence 8

L'imagier du corps

Descriptif

Nombre d'enfants : 10
Durée : 15 minutes
Reprises : plusieurs fois jusqu'à ce que l'imagier soit terminé
Période de l'année : fin janvier

Objectifs

- Acquérir du vocabulaire.
- Réinvestir des connaissances.
- Découper et coller.

Matériel

- Des cartes blanches.
- De la colle et des ciseaux.
- Des magazines, livres d'art, photos.
- Des imagiers.

fiche élève 4 **La tête et le corps**

L'Imagier Méga, Nathan, 2001.

Démarche

Les instructions officielles précisent que « *les albums d'images à parler peuvent être fabriqués avec les enfants. Ils sont des instruments essentiels de conservation et de mise en ordre d'images qui sont parcourus et commentés dans le cadre d'échanges en petits groupes ou lors de présentation à la classe* ».

- Montrer aux enfants différents imagiers, par exemple : des albums sur les animaux, les photographies, les tableaux, etc.
- Observer la présentation matérielle de l'imagier. Parfois un seul objet par page avec le nom de l'objet, mais aussi plusieurs fois le même objet dans la page.
- Proposer aux enfants de réaliser un imagier du corps qui sera celui de la classe et qui trouvera sa place dans la bibliothèque.
- Inventorier tout ce que l'on doit voir dans l'imagier :
  - les cheveux, les yeux, le nez, etc. ;
  - les différents membres, habillés ou non.
- Établir des règles :
  - dessiner les éléments ou les découper et les coller, ou les deux ;
  - plusieurs images sur une même page ou non ;
  - décider de la segmentation du corps représenté, par exemple : la tête entière ou une page de nez, d'oreilles, de bouches ; les jambes entières ou une page de cuisses, de pieds, etc.
- Demander aux enfants de sélectionner les pages de magazines qu'ils pourront découper.
- Choisir avec eux et scanner des reproductions de portraits dans des livres d'art, par exemple *Ears*, de Louise Bourgeois.
- Effectuer un premier tri des images, par exemple : tous les nez, les pieds, etc.
- Commencer à découper et à coller sur l'imagier de la classe.

Évaluation

- L'enfant sait-il nommer toutes les parties du corps représentées sur l'imagier ?
- Noter l'habileté manuelle des enfants pour découper et coller.

Prolongements

Constitution d'albums individuels d'identité

Première page : photo de l'enfant, son autoportrait, son prénom, son nom, sa date de naissance.
Deuxième page : le portrait de sa maman, son prénom ; si l'enfant le souhaite, établir d'autres pages similaires pour le papa, les frères et les sœurs.
Troisième page : sa maison dessinée avec son adresse, son numéro de téléphone.
Quatrième page : après avoir observé l'empreinte digitale sur une vraie carte d'identité, prendre l'empreinte de la main de l'enfant.
Cinquième et sixième pages : l'enfant découpe et colle des objets et des personnages :
- qu'il aime ;
- qu'il n'aime pas.

Dernière page : elle est dictée à l'adulte ; l'enfant exprime ce qu'il aimerait avoir ou pouvoir faire.

Les albums terminés seront lus aux autres enfants par son auteur, s'il le souhaite.

Des Activités Satellites

Atelier de construction KAPLA

Nombre d'enfants : 10

Construire une tour très haute.

Tri de magazines

Nombre d'enfants : 8

Dégrossir le tri d'images dans les magazines : chaque enfant a un magazine et doit sélectionner les pages où l'on voit des personnages (hommes, femmes ou enfants).

Fiche 1 J'ai changé de vêtements !

Nom : _______________________________ **Date :** ________

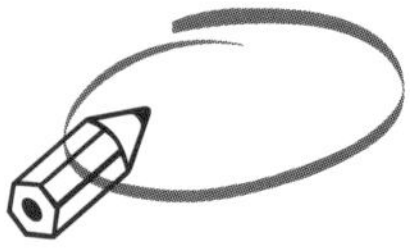

Il y a trois enfants sur ce dessin, mais ils ont changé de vêtements.
Retrouve les enfants identiques et **entoure-les** d'une même couleur.

La taille et le corps

Nom : ________________________________ **Date :** ________

Colorie et **découpe** les quatre personnages.
Puis **colle-les** sur une feuille, du plus petit au plus grand.

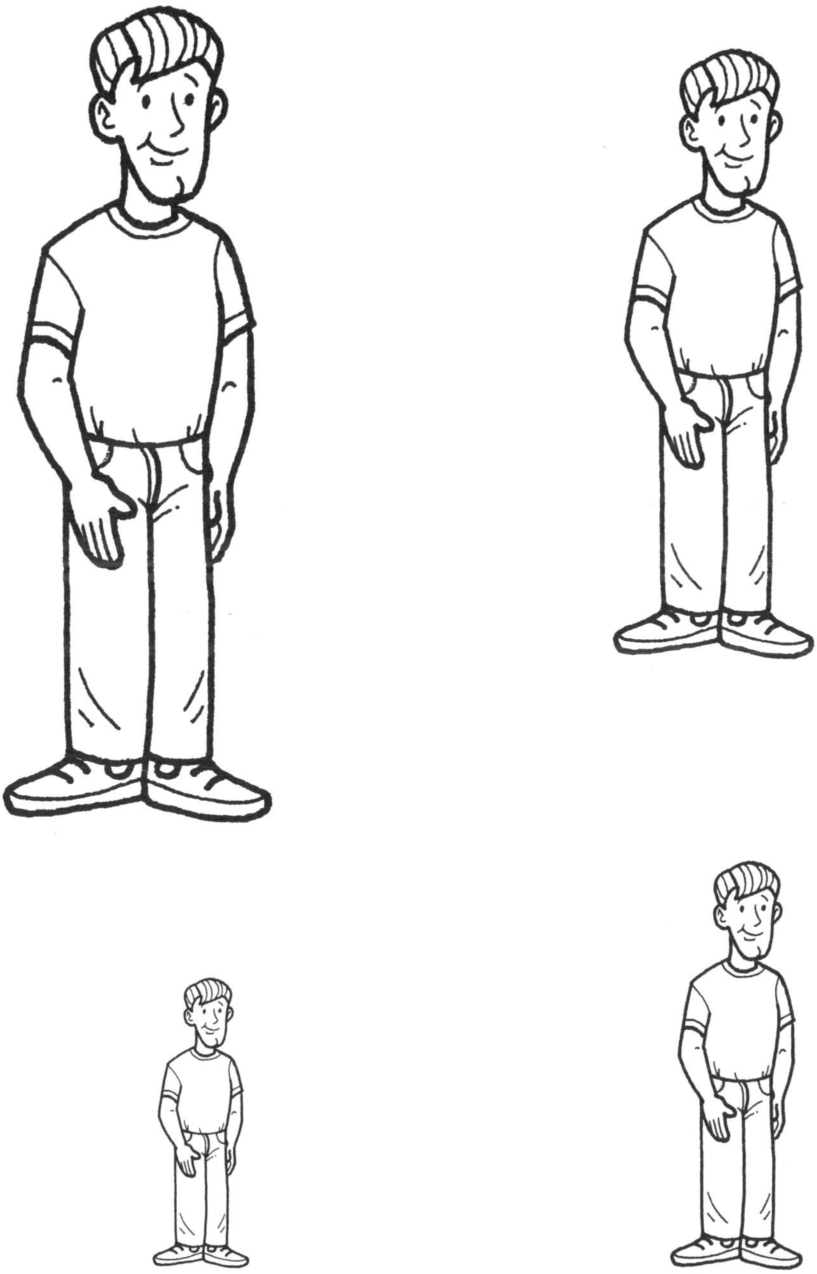

Les masques

Nom : ______________________________ **Date :** ________

Colorie de la même couleur les masques identiques.

Fiche 4

La tête et le corps

Nom : ______________________________ **Date :** ________

Mets chaque tête sur le bon corps, en les reliant.

Fiche 5

Les ombres

Nom : ________________________________ **Date :** ________

Retrouve les ombres jumelles et **entoure-les** de la même couleur.

Les trois ours

Nom : ______________________________ **Date :** ________

Relie chaque ours à ses objets. Attention, il y a un objet tout seul.

De face et de dos

Nom : ________________________________ **Date :** ________

Relie les personnages identiques de face et de dos.

Nom : ________________________________ **Date :** ________

Dessine le trajet du bonbon à l'intérieur du corps.

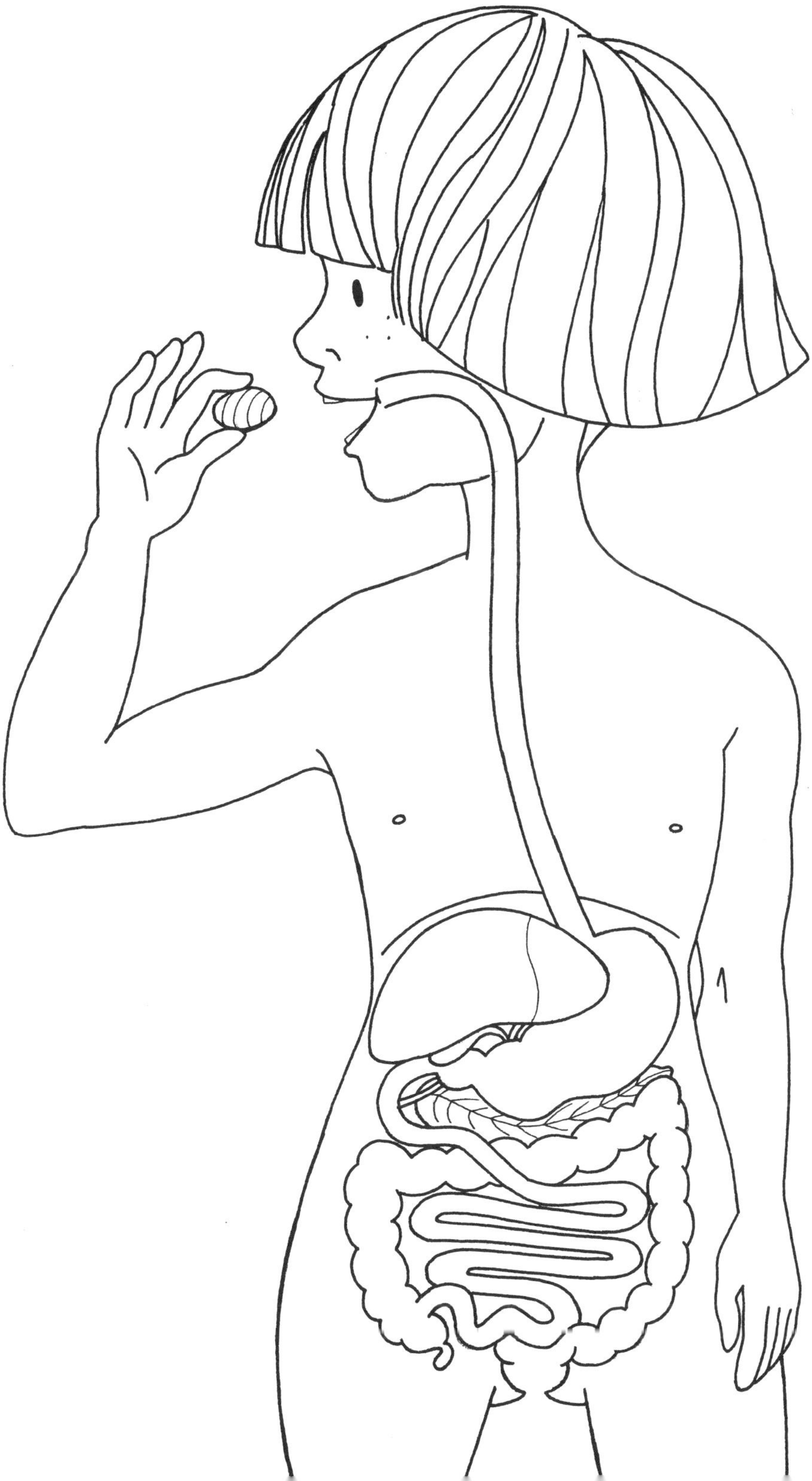

Séquence 9

Le petit bonhomme de pain d'épice

Descriptif

Nombre d'enfants : toute la classe, puis 6 enfants
Durée : histoire collective : 10 à 20 minutes ; fabrication du bonhomme en pâte à pain : 15 minutes
Reprises : 5 fois
Période de l'année : février

Objectifs

Par le biais de l'histoire :
- Montrer aux enfants une autre représentation de « bonhomme ».
- Faire réaliser un à-plat, en pâte à pain.
- Intéresser les enfants à une histoire simple et provoquer des commentaires.
- Organiser un goûter dans la classe.

Matériel

Le Petit Bonhomme de pain d'épice, d'Anne Fronsacq, Père Castor – Flammarion, 2001.

La recette de la pâte à pain au lait

Ingrédients : 1 kg de farine, 3 œufs, 25 gr de levure de boulanger, 1 morceau de sucre, 150 gr de beurre, 60 gr de sucre en poudre, 2 dl de lait, 1 pincée de sel.

• Faire fondre la levure et le morceau de sucre dans une cuillerée à soupe d'eau chaude. Garder en attente. Faire tiédir le lait sucré, hors du feu, y faire fondre le beurre. Mettre la farine dans un saladier, y ajouter les œufs entiers battus, la levure et le lait peu à peu en mélangeant bien, ajouter le sel. Bien pétrir, laisser reposer 1 heure près d'une source de chaleur. Pétrir de nouveau. La pâte doit être lisse. L'abaisser sur un à deux centimètres.

• **Glaçage :** battre 1 blanc d'œuf avec du sucre glace.
Pour obtenir du rose, mélanger avec du jus de betterave ; du marron, mélanger avec du chocolat.

• **Cuisson :** 20 à 30 min à four chaud (thermostat 5).
La pâte à pain peut être préparée avant la séance par le maître puisque l'objectif n'est pas d'apprendre aux enfants la recette du pain.
Il faut du reste la laisser reposer.

Démarche

• Raconter l'histoire à toute la classe, puis montrer les illustrations du livre.
Ce « petit bonhomme de pain d'épice » ressemble en fait aux bonshommes de pain d'épice que l'on achetait jadis dans les foires et les fêtes foraines. Pour plus de facilité, nous le ferons en pâte à pain car si nous voulions le réaliser en pain d'épice, il nous faudrait un moule.

• Donner à chaque enfant une boule de pâte et lui faire faire son petit bonhomme. Veiller à bien souder au tronc les colombins représentant les bras et les jambes, sinon ils se séparent à la cuisson. Pour représenter les yeux, enfoncer des raisins de Corinthe et pour la bouche, faire un bourrelet en pâte à pain.
Lorsque les enfants voient leurs petits bonshommes cuits, ils sont souvent partagés entre l'envie de le manger et de le conserver, certains mêmes souhaitent l'emporter chez eux. Afin qu'ils ne soient pas privés de goûter pour autant, on peut prévoir de faire confectionner par les enfants quelques pains supplémentaires.

Évaluation

• Les enfants sont très tentés par l'idée de faire un petit bonhomme comme celui du livre. Il faut cependant aider les plus maladroits.

• La représentation du corps a-t-elle évolué ? Y a-t-il encore beaucoup de « bonshommes-têtards » en pâte à pain ? Les yeux et la bouche sont-ils en général bien placés ?

Prolongements

• Cette histoire étant simple et très structurée, on peut facilement la faire jouer par les enfants.

• Confection de « petits bonshommes de pain d'épice » en pâte à modeler.
On peut également en faire fabriquer en pâte à sel.

• Montrer aux enfants des diapositives ou une vidéo représentant l'histoire. Leur demander de la raconter à leur tour.

Des Activités Satellites

Jeux libres

Nombre d'enfants : 4

Manipulations libres dans le coin garage.

Déchiquetage

Nombre d'enfants : 10

Déchiquetage de papier de soie de couleur pour impressions sur des feuilles de Canson mouillées.

Jeu de construction

Nombre d'enfants : 5

Construction en briques. Faire des tours les plus hautes possibles en n'utilisant que les petites briques à quatre trous.

Coin bibliothèque

Nombre d'enfants : 5

Regarder les livres et se raconter des histoires dans le coin bibliothèque.

Séquence 10

Le bain du bébé

Descriptif

Nombre d'enfants : toute la classe
Durée : environ 30 minutes
Reprises : 2 ou 3 fois, avec le baigneur de la classe dans le coin poupée
Période de l'année : mars (à condition d'avoir trouvé une maman de l'école volontaire)

Objectifs

- À travers l'observation du corps du bébé, connaître son propre corps.
- Comprendre l'idée de changement, d'évolution, de transformation.
- Aborder la notion de temps.
- Travailler sur le souvenir, le sens et le goût du passé.

Matériel

- Une maman intéressée par le projet pédagogique, avec son bébé.
- Une petite baignoire.
- Un appareil photo.

poster La femme enceinte

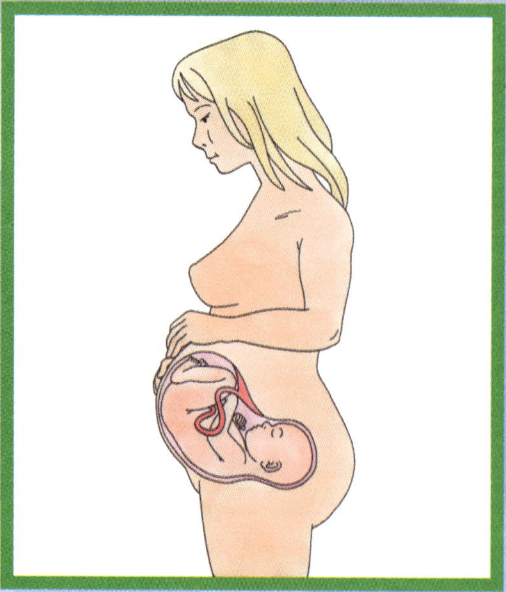

Si cette séquence a plus d'impact avec un vrai bébé, elle peut, bien entendu, être adaptée avec une poupée.

Démarche

Bien installer les enfants en demi-cercle. Faire présenter le bébé par la maman.
Observer le déshabillage et nommer les parties du corps qui apparaissent.
Procéder au bain en mettant des mots sur les actions de la maman et les réactions du bébé.
Observer l'habillage, verbaliser.
Si la maman veut bien donner le sein ou le biberon, la séance sera d'autant plus complète.
Mettre en rapport les relations causales entre ces événements successifs.
Prendre des photos pour faire une frise chronologique.
Introduire le poster de la femme enceinte où l'on voit le bébé dans le ventre.
Répondre aux questions avec la maman.

Évaluation

- Demander aux enfants de dessiner la séquence du bain.
- Sont-ils capables de reconstituer les actions de la maman de façon chronologique ? (déshabillage, bain, soins, habillage, repas) et d'expliquer ce qu'ils ont dessiné ?

Prolongements

Grandir : ce qui a changé dans notre corps par rapport au bébé.

- « Être grand », qu'est-ce que cela veut dire ? Grandit-on seulement le jour de son anniversaire ?

Les grandes personnes ont-elles un anniversaire bien qu'elles ne grandissent pas ?
Confectionner des toises individuelles pour les enfants et aussi pour l'enseignant et l'ATSEM de la classe.
Établir le rapport chronologique avec ses frères et sœurs : qui est né le premier ?
Comprendre que les parents et les grands-parents ont été des enfants ; les faire interroger sur leurs « doudous » d'enfants[1].

- Être « vieux », qu'est-ce que cela veut dire ?

Inviter une grand-mère de la classe avec ses photos (et/ou un album de famille).
Confectionner un panneau avec les photos des enseignants, personnel de l'école (ATSEMS, cantinières, animateurs, etc.) lorsqu'ils étaient petits.
Construire un autre panneau avec les photos des enfants de la classe lorsqu'ils étaient bébés.

- Introduire des portraits d'enfants peints en costume d'époque (Chardin, Vélasquez, Goya, etc.), au temps où la photographie n'existait pas.
- Présenter des objets anciens : assiettes, bougeoirs, livres, vêtements, poupées apportées par les parents ou les enseignants.

Tous ces prolongements peuvent initier un travail de longue haleine.

Comptine

À ta naissance, tu étais petit,
petit, petit
Et tu ne marchais pas
Mais tu grandis, grandis, grandis
Et tu cours comme un petit chat
Un, deux, trois,
Un, deux, trois,
Attrape-moi

Comptines et jeux de doigts,
Rémi Guichard, Nathan.

1. KOCHKA et DELVAUX Claire, *Le Doudou perdu d'Océane*, Père Castor-Flammarion, 2004.
BUNTING Eve et CARPENTER Nancy, *Le Petit Bateau de petit ours*, Pastel, 2004.
MONSABERT Anne-Sophie et CHATELLARD Isabelle-Anne, *Ma couverture et moi*, Casterman, 2000.
NAUMANN-VILLEMIN Catherine et BARCILON Marianne, *La Tétine de Nina*, L'École des loisirs, 2004.

Séquence 11

Ombres chinoises

Descriptif

Nombre d'enfants : toute la classe, répartie en groupes d'acteurs et de spectateurs qui permutent
Durée : 30 minutes
Reprises : 3 fois au moins
Période de l'année : avril

Objectifs

• Développer chez l'enfant :
– l'attention visuelle ;
– le sens de l'observation ;
– l'analyse et le sens critique.

• Utiliser la fascination exercée par les ombres sur les enfants pour leur faire découvrir la silhouette et le profil plus frappant en ombres chinoises.

• Rechercher des attitudes variées :
– mime ;
– expression corporelle.

Matériel

• Pour l'écran :
– soit un cadre en bois et du papier-calque ;
– soit des matelas en mousse empilables et un grand drap blanc.

• Un projecteur de diapositives ou de films fixes.

fiche élève 5 **Les ombres**

Démarche

• Quand on allume le projecteur, les enfants se placent souvent entre la source lumineuse et l'écran ou le mur blanc pour voir leur silhouette. On peut saisir ce moment pour fixer une feuille blanche sur le mur et dessiner rapidement avec un gros feutre noir soit leur silhouette entière, soit leur visage de profil. Quand on éteint le projecteur, la silhouette disparaît mais le dessin reste. C'est magique ! Et cela nous conduira à réaliser avec les enfants un théâtre d'ombres.
Si l'on possède dans l'école un dortoir équipé de matelas en mousse, il suffit de tendre un grand drap blanc entre deux piles de matelas (on le fixe aux matelas supérieurs). La hauteur doit dépasser la taille d'un enfant. On place le projecteur derrière le drap. Les acteurs passent entre le projecteur et le drap. Les spectateurs s'asseyent devant, à une certaine distance car ils ont tendance à vouloir se lever pour toucher les ombres. On peut également fabriquer un écran plus sophistiqué en agrafant du papier-calque sur un cadre en bois. Selon la taille de l'écran, on le pose sur une table ou par terre.

• **Premier jeu :** reconnaître l'enfant dont on voit l'ombre. Il peut se placer de face, de dos ou de profil. Il ne doit pas parler. Tous les enfants passent à tour de rôle.

• **Deuxième jeu :** mimer une courte scène à deux, avec ou sans accessoires. Les spectateurs doivent deviner, par exemple :
– une séance chez le coiffeur (deux enfants, une chaise, un peigne) ;
– un bricoleur qui répare une chaise (un enfant, une chaise, un marteau).

• **Troisième jeu :** sortir des objets d'un sac et les faire reconnaître (une poupée, une balle, un livre, etc.).

Évaluation

• Faire remarquer aux enfants que plus ils s'approchent du drap, plus leur ombre est nette. Si, au contraire, ils s'en éloignent, l'ombre grandit et devient floue. La séance est riche en langage et l'attention, soutenue.

• Les enfants les plus timides acceptent de passer devant l'écran.

• Le côté magique de la silhouette noire fascine les petits et les aide à découvrir le profil.

Prolongements

• Choisir un album illustré, apprécié des enfants, dont l'histoire est simple et les personnages bien différenciés.
Par exemple : *Le Plus Bel Œuf du monde*, d'Helme Heine, Gallimard Jeunesse, 1992.
Découper dans du carton rigide les silhouettes des personnages et des accessoires nécessaires à la compréhension de l'histoire et la raconter par le biais des ombres chinoises, sans paroles et avec une belle musique en fond sonore.
Boucle d'or se prête également très bien à ce genre de spectacle.

• Faire manipuler par les enfants des silhouettes découpées.

• Enrichir la bibliothèque de la classe de livres illustrés par des silhouettes noires[1].

• Fabriquer des marionnettes que les enfants pourront faire évoluer eux-mêmes.

Comme il est nécessaire de travailler dans l'obscurité et parfois dans un autre lieu que la classe (dortoir par exemple), il est préférable de garder toute la classe ou de mettre une partie en récréation.

1. *Mother Goose, nursery rhymes, Les Contes de Grimm* et *Alice au pays des merveilles*, illustrés par Arthur Rackham, éditions William Heinemann.

Séquence 12

Réaliser un personnage en volume

Descriptif

Nombre d'enfants : 10
Durée : 30 minutes
Reprises : 3 fois
Période de l'année : fin avril

Objectifs

• Demander à chaque enfant de construire un personnage en volume qui tienne debout. Jusqu'à présent, tous les travaux ont été exécutés à plat sur le plan horizontal.

• Observer comment les enfants organisent leur travail quand un matériel abondant est mis à leur disposition.

• Commenter avec eux ce qu'ils font pendant qu'ils travaillent, en employant un vocabulaire précis et approprié.

Matériel

• Des rouleaux vides de papier-toilette et de papier essuie-tout.

• De la pâte à bois.

• Des petites boîtes.

• Du carton rigide.

• Des capsules, des bouchons, des perles, des allumettes, des pinces à linge, des tubes vides de médicament, des bobines, du fil de fer, de la colle et tout ce que les enfants jugent utile d'ajouter.

Démarche

- Donner aux enfants tout le matériel.

La pâte à bois a été confectionnée par le maître. En séchant, elle peut permettre de fixer des éléments du corps. Par exemple, on peut en faire une boule dans laquelle on incrustera les bras, les jambes; on peut s'en servir pour fixer les pieds au support de carton, former la tête, etc.

Si les enfants sont habitués à travailler en volume avec du papier, ils essaieront peut-être de faire un corps avec une boule de papier froissé sur laquelle se grefferont différents éléments représentant la tête et les membres.

- Laisser aux enfants, s'ils le désirent, la possibilité de peindre leur œuvre ou d'ajouter d'autres éléments qu'ils apportent de chez eux ou trouvent dans la classe.

Évaluation

- Certains enfants ont beaucoup de mal à organiser un corps en volume. Il faut les laisser manipuler longuement le matériel et tâtonner.
- Les enfants arrivent-ils à bien construire le corps et à le faire tenir debout ou à le fixer au support ?
- Savent-ils nommer les parties du corps ? Sont-ils capables de les situer les unes par rapport aux autres ? S'ils échouent plusieurs fois, le maître peut intervenir afin qu'ils ne se découragent pas.

Prolongements

Après ce travail, il peut être amusant de réaliser des bonshommes salés ou sucrés et de les déguster.

Matériel pour le bonhomme salé :

– pour le corps : tomate, oignon, pomme de terre, gros navet ;

– pour les membres : petites carottes, bâtonnets de concombre, haricots verts, spaghettis, piques en bois, bretzels ;

– pour la tête : olives, œufs durs, fruits secs, salade frisée.

Tous ces éléments seront goûtés et leur saveur comparée à celle des éléments composant le bonhomme sucré.

Matériel pour le bonhomme sucré :

– pour le socle : pain d'épice ;

– pour le corps : madeleines, brioches ;

– pour les membres et la tête : biscuits ronds ou longs, petits bonbons pour les yeux, lacets de réglisse, fraises, sucettes, pâte à tartiner en guise de colle.

Ces bonshommes sucrés seront prétexte à faire un bon goûter dans la classe.

- Montrer aux enfants des reproductions de l'œuvre d'Arcimboldo.

Des Activités Satellites

Bibliothèque sonore

Nombre d'enfants : 4

Le texte de certains albums de la classe a été enregistré sur cassette par le maître. L'enfant doit donc choisir la cassette et l'album qui l'accompagne. Il sait faire fonctionner le magnétophone sans l'aide de l'adulte.

Consigne : Écouter la cassette jusqu'à la fin et la ranger à sa place ainsi que l'album.

Jeu de construction

Nombre d'enfants : 8

Constructions avec le matériel Bambouchi (Asco).

Consigne : Réaliser une structure stable, en hauteur.

Tri

Nombre d'enfants : 8

Rechercher dans le matériel de bricolage de la classe tout ce qui peut servir pour confectionner un bonhomme en volume. Ranger les éléments dans des boîtes.

Séquence 13

Se représenter au sein d'un groupe

Descriptif

Nombre d'enfants : 10
Durée : 20 à 30 minutes
Reprises : 3 fois
Période de l'année : mai

Objectifs

• Faire prendre conscience à l'enfant de sa taille et de sa place par rapport à un groupe restreint – famille ou uniquement fratrie.

• Faire acquérir les notions de *grand, petit, moyen.*

• Utiliser un comparatif : *plus grand que, plus petit que.*

Matériel

• Du papier.

• Des feutres fins.

fiche élève 6 Les trois ours

Démarche

• Pour amorcer cet exercice, on peut raconter aux enfants l'histoire de *Boucle d'or et les trois ours*, sans livre d'abord, puis avec le support des images. Non seulement parce que cette histoire leur plaît beaucoup, mais aussi parce que la formule répétitive situe bien les choses.
Au grand ours correspond le grand bol, la grande chaise, le grand lit, etc. D'autre part, le papa est plus grand que la maman – ce qui peut se discuter – elle-même plus grande que l'enfant.
• Lorsque les enfants ont entendu l'histoire plusieurs fois, on peut leur demander de dessiner les trois ours afin de vérifier qu'ils ont bien acquis la notion de taille : *grand, moyen, petit*.
• Leur demander ensuite de dessiner tous les membres de leur famille : père, mère, frères et sœurs, s'ils en ont, et eux-mêmes au sein de cette famille.

Évaluation

• Au moment de commenter les dessins, il faut faire préciser aux enfants leur place dans la famille ou la fratrie.
Exemple : « *Mon frère est plus grand que moi, le bébé est plus petit.* »
• Qui est le plus grand ? Le plus âgé ? Le plus jeune ? Qui est né avant l'enfant, après l'enfant ? A-t-il un frère ? Si oui, son frère a-t-il un frère ? La réponse est presque toujours négative.

Prolongements

• On peut constituer dans l'école un panneau avec les photos d'enfants de tout le personnel de l'école et leurs portraits actuels soit en les faisant correspondre, soit en les mélangeant pour que les enfants devinent, ce qui est très difficile, mais intéressant si c'est argumenté.
• Travailler sur la photo de groupe de la classe : remplacer les visages par des caches blancs et ovales. On voit si les enfants se reconnaissent (grâce à la taille, la coiffure, les vêtements, etc.). On leur en donnera une photocopie pour que chacun dessine le visage de ses camarades.

Des Activités Satellites

Graphisme pour des cartes de vœux

Réalisation de cartes pour la fête des Mères : dessiner sa maman avec un pinceau fin et du drawing-gum.
Lorsque celui-ci a séché, étaler des encres de couleur avec des petites éponges, puis enlever le drawing-gum.

Ours de tri Nathan

Découverte du jeu.
Manipulation libre.
Tri d'après la taille, les couleurs.

Dessin libre sur ardoise graphique

Dessin avec des feutres effaçables.

Séquence 14

Se représenter après des jeux

Descriptif

Nombre d'enfants : 10
Durée : 30 minutes
Reprises : 3 fois
Période de l'année : fin mai

Objectifs

- Par le biais du jeu, faire nommer par les enfants les différentes parties du corps et vérifier qu'ils les connaissent.
- Demander une représentation graphique immédiatement après le jeu.
- Lors de la critique de dessins, faire expliquer les positions représentées : *en face, autour, à côté,* etc.

Matériel

- Du papier.
- Des feutres.
- Des crayons.

fiche élève 7 De face et de dos

Démarche

Pour ce travail, on peut présenter plusieurs jeux aux enfants, un par séance, bien entendu. Dans l'ordre des difficultés :

1 – Jacques a dit. Ce jeu est bien assimilé à cette période de l'année. On peut donner des consignes de plus en plus difficiles.

- *Mets tes mains sur :*
  - *tes chevilles ;*
  - *ta nuque ;*
  - *tes orteils.*
- *Touche ton sourcil avec ton index.*

.../...

- *Mets ton auriculaire sous ton aisselle.*
- *Entoure ton mollet de tes deux mains.*
- *Cache tes pommettes*, etc.

On peut aussi demander aux enfants de conduire le jeu à tour de rôle, la consigne étant de donner des ordres difficiles.

2 – Colin-maillard. Il est préférable de délimiter l'espace par des bancs – au début du moins – et de diviser la classe en spectateurs et acteurs. Une dizaine d'enfants autour de celui qui a les yeux bandés est un nombre suffisant. Demander à ce dernier de décrire l'enfant qu'il attrape pendant qu'il le tâte pour le reconnaître.

3 – Les petits Indiens. Diviser la classe en deux parties. Une partie forme une ronde, chaque enfant représente une tente. Les enfants restants (les Indiens) vont se placer derrière leur tente; ils tiennent leurs camarades par les épaules. Au signal du tambourin, ils partent se promener, mais l'orage gronde (roulement de tambourin) et les petits Indiens retournent vite dans leur tente et se mettent à l'abri. Les rôles sont ensuite inversés.

4 – Scions, scions du bois. Cet exercice est intéressant car il permet de vérifier si les enfants peuvent se représenter les bras croisés et l'un en face de l'autre.

5 – Je te tiens, tu me tiens par la barbichette. Il est à faire pour les mêmes raisons que l'exercice précédent; mais il est souvent source de pugilat en petite section. Les enfants ont du mal à comprendre quand ils doivent donner la « tapette » : ils n'attendent pas que l'autre rit, et, surtout, ils mesurent mal l'intensité de leur « tapette », ce qui donne souvent lieu à des vengeances en chaîne. Il est amusant de faire changer le jeu : on peut se tenir par le nez, l'oreille, les cheveux; se faire un baiser au lieu de se taper, faire semblant de pleurer au lieu de rire, etc. Il faut faire dessiner les enfants immédiatement après ces exercices.

Évaluation

- Les enfants arrivent-ils à dessiner une ronde ? Une double ronde est plus difficile. Lorsqu'ils se représentent en train de jouer à *Scions, scions du bois*, ils dessinent d'abord soigneusement leur partenaire et se dessinent eux-mêmes plus rapidement. Sur certains dessins, on voit les bras croisés.
- Quand ils se dessinent en train de jouer à *Colin-maillard*, ils s'attachent surtout à représenter le bandeau sur les yeux. Contrairement à l'exercice précédent, ils consacrent plus d'importance à la représentation de leur personne qu'à celle de leur partenaire.

Prolongements

- Se procurer, si possible, un petit mannequin de bois blanc articulé comme ceux que l'on vend dans les magasins de matériel de dessin. Après avoir laissé les enfants le manipuler librement, on peut s'en servir pour jouer à *Jacques a dit* sans parler. Les enfants reproduisent les postures de la silhouette en silence.
- On peut également le prêter à un petit groupe de six enfants afin qu'ils le dessinent dans une position qu'ils auront choisie.
- On écoute l'histoire *La Grande Ronde*[1] afin d'introduire des formes géométriques qui aideront à représenter un personnage.

Des Activités Satellites

Travail en volume

Nombre d'enfants : 8

Faire des boules de papier blanc chiffonné que l'on essaye d'amonceler en hauteur sur un grand carton.
Consigne : Construire le plus haut possible.

Découpage

Nombre d'enfants : 8

Découper de longues bandes dans des papiers de couleur en vue d'un collage collectif.

Graphisme au pinceau fin

Nombre d'enfants : 4

Dessin libre avec des pinceaux très fins et de l'encre de Chine noire. Compléter le dessin au fusain.

1. Ramón Sylvie, *Petits récits pour raconter, rire et inventer*, Nathan, 1995.

Séquence 15

Faire un vrai bonhomme ou un monstre

Descriptif

Nombre d'enfants : 10
Durée : 30 minutes
Reprises : 3 fois
Période de l'année : mai, début juin

Objectifs

- Vérifier si l'enfant a bien intégré la relation entre les différentes parties du corps.
- Faire utiliser, lors de la critique des collages, les termes précis et appropriés à l'organisation dans l'espace : *au-dessus de, entre, à côté de, sous*, etc.
- Introduire un peu d'humour et de fantaisie pour faire « déraper » un travail sérieux en exercice imaginatif et créatif.

Matériel

- Des revues dans lesquelles on découpe des têtes, des troncs, des bras, des mains, des jambes, des pieds.
- De la colle.
- Des cartes blanches.

Démarche

• Mettre à la disposition des enfants, dans des plateaux afin de pouvoir les étaler, des têtes découpées, des jambes avec ou sans pieds, des bras avec mains mais aussi des mains seules, des jambes nues ou recouvertes de pantalons, des chapeaux, etc.
• Le tri aura été fait par les enfants, ainsi qu'une partie du découpage. L'enfant doit organiser ces éléments qu'il choisit librement pour représenter un personnage en les collant sur une carte blanche.
• Une fois ce travail effectué, on peut demander à l'enfant de « se tromper » et de fabriquer un monstre en collant «exprès» les éléments dans le désordre afin d'obtenir le résultat le plus drôle, le plus bizarre, ou le plus laid possible. La liberté est totale. Se tromper sciemment suppose que l'on possède bien le sujet.

Évaluation

• Certains enfants cherchent minutieusement les membres appartenant à la même silhouette. Pourtant, il arrive qu'ils les collent à l'envers. Ils attachent plus d'importance à la forme et à la taille qu'à la couleur des vêtements ou de la peau.
• Lorsque l'on fait la critique des collages avec tout le groupe, ce qui gêne le plus les enfants est, par ordre d'importance :
- une grande jambe et une petite ;
- les pieds qui ne sont pas « droits » ;
- les bras qui partent de la taille au lieu de partir des épaules ;
- des chaussures trop petites ou trop grandes.
• Les collages détournés réservent souvent des surprises. Il est courant de voir des enfants imaginatifs réaliser un collage trop sage. En revanche, certains enfants que l'on pouvait supposer plus inhibés se libèrent et produisent une création très originale. Certains enfants qui ont aimé composer un personnage conforme aux normes montrent peu d'enthousiasme pour le dérapage suggéré. Il faut donc laisser chacun y trouver son compte.

Prolongements

• Introduction de deux livres qui présentent des animaux découpés en deux parties : *Grépotame et 250 drôles d'animaux croisés*[1] ; ou trois parties : *Croguphant*[2]. Cela provoque des mélanges amusants sur les plans graphique et verbal. Avec les photocopies des portraits des enfants, il est possible de réaliser un jeu similaire en les coupant – après les avoir collées sur un carton fort – en trois parties : tête, tronc, jambes. On peut alors faire un jeu verbal avec les prénoms des enfants. Exemple : la tête de Nathalie, le tronc de Jean, les jambes de Juliette ; le personnage s'appellera « *Najeanju* ».
• Introduction aux puzzles fabriqués en classe. Couper les photocopies des portraits en quatre morceaux. Approche de la symétrie : découper en deux dans le sens de la hauteur des photos de personnages dans des magazines, les mélanger et les faire reconstituer par les enfants.
• Faire manipuler librement *Le jeu des portraits* pour inventer des portraits fantaisistes (matériel éducatif Nathan).

Des Activités Satellites

Manipulation des maxi-blocs logiques

Nombre d'enfants : 6

– Découverte du matériel.
– Construire un « bonhomme ».

Graphisme décoratif

Nombre d'enfants : 8

Fabrication d'un cadre en aluminium repoussé qui sera garni du portrait photographique de l'enfant et offert aux parents à la fin de l'année. Pour obtenir un effet de « patine », on peut frotter l'aluminium avec un coton imbibé d'encre de Chine noire.

Collage de coton

Nombre d'enfants : 6

Sur un grand carton blanc, déposer des lambeaux de coton hydrophile et les faire adhérer en les imbibant d'encre de Chine de couleur avec de gros pinceaux.

---

1. Léon Pierre-Roger, *Grépotame et 250 drôles d'animaux croisés*, Nathan, 1980.
2. Ball Sara, *Croguphant*, Nathan, 1987.

Séquence 16

L'intérieur du corps

Descriptif

Nombre d'enfants : 10
Reprises : 2 fois
Période de l'année : juin

Objectifs

- Répondre avec humour et sérieux sur tout ce qui fascine les enfants et dont les parents ne parlent pas aisément, mais d'un point de vue scientifique car la science ne se préoccupe pas de ce qui est poli ou impoli.
- Aider les enfants à prendre conscience du trajet de la nourriture dans le corps.
- Donner le vocabulaire adéquat.

fiche élève 8 : Dans le corps | **poster : L'intérieur du corps**

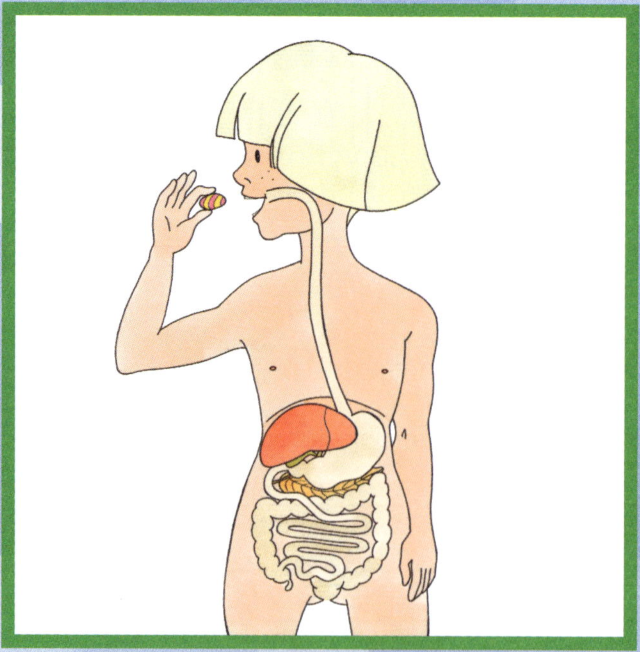

Cette séquence est inspirée de l'exposition qui a eu lieu du 30 novembre 2004 au 8 mai 2005 à la Cité des sciences de La Grande Halle de la Villette à Paris, intitulée « Crad'Expo ».

Démarche

En posant la question : « à quoi ça sert de manger ? », on obtiendra sans doute, « on mange pour devenir grand ».
De cette affirmation surgira une série de questions auxquelles les enfants apporteront des réponses variées et fantaisistes…
Quand nous mangeons, où vont les aliments ?
Que se passe-t-il dans le corps quand on grandit ?
Quand grandit-on ?
Que signifie : être en bonne santé ?
Que se passe-t-il, que ressent-on quand :
- On a faim ?
- On a envie de vomir ?
- On avale ?
- On s'étrangle ?

À ce stade de l'échange, on pourra observer le poster avec les enfants et expliquer le rôle des dents, de la langue, de la salive, montrer l'œsophage, l'estomac, les intestins, l'anus.
Il sera alors obligatoirement question du « caca », pour la plus grande joie des enfants !
On pourra s'appuyer sur des albums comme : *Le Livre du caca*[1] qui répond à toutes les question des enfants.

Évaluation

- Après avoir observé le poster et répondu aux questions, travailler sur la fiche élève 8, *Dans le corps*, et leur demander de dessiner le chemin de la nourriture.
- Sont-ils capables d'expliquer ce qu'ils ont représenté ?

Prolongements

Chercher parmi les aliments courants ce qui est bon :
- pour la santé ;
- pour le goût.

Faire un menu idéal :
- pour la santé ;
- pour le goût.

Aborder de façon succincte l'équilibre alimentaire, organiser des ateliers du goût.
Expliquer de façon simple le mécanisme des vomissements, des pets, des rots.

Des Activités Satellites

Modelage

Nombre d'enfants : 10

Modeler « du caca » après relecture du livre *De la petite taupe qui voulait savoir qui lui avait fait sur la tête*[2].
(Voir également l'album *Prout !* de Francesco Pittau[3].)

Salade de fruits

Nombre d'enfants : 8

Préparer une salade de fruits pour l'atelier goût. Éplucher, couper les fruits.

---

1. Davies Nicola, Layton Neal, *Le Livre du caca*, Milan Jeunesse, 2004.
2. Erlbruch Wolf, Holzwarth Werner, *De la petite taupe qui voulait savoir qui lui avait fait sur la tête*, Milan Jeunesse, 2004.
3. Pittau Francesco, Gervais Bernadette, *Prout !*, Seuil jeunesse, 1995.

Séquence 17

On a échangé nos maîtresses, avis de recherche

Descriptif

Nombre d'enfants : toute la classe
Reprises : 1 fois
Période de l'année : fin juin

Objectifs

- Verbaliser.
- Affiner le vocabulaire ayant trait au corps.
- Expliquer, préciser sa pensée pour se faire comprendre.
- Raisonner, réfléchir, expliciter, argumenter.

Matériel

- Des feuilles de papier.
- Des feutres.

Exemple de production recueillie auprès des enfants

Portrait de Marion par ses élèves :

Marion, c'est notre maîtresse; elle est pas là aujourd'hui parce qu'elle s'est envolée; non elle s'est pas envolée parce que c'est pas un oiseau, elle est partie chez les grands.
Marion, elle est pleine de cheveux, elle a des cheveux jaunes; oui ils sont blonds (comme moi, comme moi...)
Elle est grande comme ça, mais elle touche pas le soleil [accroché dans la classe] et elle a aussi des grands bras et des grandes jambes.
Elle est un peu méchante, et un peu gentille.
Elle est un peu méchante quand elle dit : « Amin, tu vas aller au coin ! »
Et elle dit aussi qu'on va aller sur le banc. Avec elle, on s'amuse et on rigole !
Quand elle est contente, elle dit : vous êtes gentils. Elle dit de ranger. Elle nous caresse.
Elle rit quand elle a des barrettes qui brillent.
On l'aime parce que... On l'aime parce qu'elle est gentille et joyeuse.

Démarche

Dans une école maternelle à plus de cinq classes, même en fin d'année, les enfants ne connaissent peut-être pas très bien les maîtresses des grandes et des moyennes sections. Ils n'ont souvent pas les mêmes horaires de récréation et les entrées et sorties se font dans les classes jusqu'au mois de juin. On peut alors proposer à un collègue d'une autre section que le projet intéresse de prendre sa classe pendant une journée et de lui « prêter » la section des petits.

Pour cela, un minimum de préparation est nécessaire : prévenir les enfants et les parents (sans entrer dans des explications détaillées) la veille ; si besoin est : demander l'autorisation de son supérieur hiérarchique en argumentant l'intérêt pédagogique de l'opération, et organiser l'emploi du temps et le déroulement de la journée en concertation avec le collègue concerné.

Le jour de l'échange, après l'accueil, la « nouvelle » maîtresse regroupe les enfants et se présente, puis elle leur demande où peut bien se trouver leur maîtresse et leur propose de la lui décrire afin de rédiger avec eux un « avis de recherche ».

Il faut alors aider les enfants à préciser leur pensée grâce à des questions préparées à l'avance et qui leur permettront de donner le maximum de détails.

Par exemple, après la description physique (taille, couleur des yeux, des cheveux, corpulence, etc.), passer à la description du caractère en posant des questions plus précises :

- quelles sont ses expressions favorites ;
- ce qui l'énerve ;
- ce qui la fait rire ;
- ce qu'elle a ;
- ce qu'elle n'a pas ;
- sa couleur préférée ;
- ce qu'elle enseigne ;
- pourquoi on l'aime…

Une fois la dictée à l'adulte terminée, relire le tout. Les enfants ajouteront encore certains détails et le débat sera relancé.

Mettre le texte en forme, le photocopier, et l'afficher à l'intérieur et à l'extérieur de la classe.

Demander aux enfants de compléter l'avis de recherche par des dessins représentant la maîtresse.

Lorsque la « vraie » maîtresse reprend sa classe, le lendemain, elle relit son portrait avec les enfants afin qu'ils puissent confronter leur description à la réalité, et analyse avec eux les portraits dessinés. Elle peut alors se prêter à une séance de pose, ce qui donnera lieu à une comparaison entre les portraits de mémoire et ceux réalisés d'après nature…

Évaluation

Les enfants ont-ils acquis un vocabulaire précis concernant :

- les différentes parties du corps ?
- les caractéristiques « morales et intellectuelles » des personnages ?

Sont-ils capable de dessiner un personnage comportant des détails vestimentaires précis ?

Ont-ils acquis le sens de la description ?

Prolongements

Demander aux enfants de faire le portrait, dicté à l'adulte et dessiné, de la maîtresse « remplaçante ». Même démarche.

Aller dans la classe avec qui l'échange a été fait en apportant les dessins et le texte aux enfants de cette classe et retourner dans sa classe avec la description et les dessins réalisés par les enfants plus grands.

Ouvrir un débat sur la pertinence du travail des grands, argumenter.

Table des matières

Coordination éditoriale : Sophie Gohé-Husson, Sophie Behr

Édition : Sébastien Duflos, Anne Perez

Coordination artistique : Léa Verdun

Conception maquette : Marie Dusseaux

Mise en page : JPM sa

Conception couverture : Arnaud Lhermitte

Photo de couverture : © Mario FOUMY/REA

Illustrations : Yves Lequesne

N° de projet : 10119163 - Juin 2005
Imprimé en France par CLERC S.A.S.